# CON GRIN SUS CONOCIMIENTOS VALEN MAS

- Publicamos su trabajo académico, tesis y tesina

- Su propio eBook y libro - en todos los comercios importantes del mundo

- Cada venta le sale rentable

Ahora suba en www.GRIN.com
y publique gratis

**Bibliographic information published by the German National Library:**

The German National Library lists this publication in the National Bibliography; detailed bibliographic data are available on the Internet at http://dnb.dnb.de .

This book is copyright material and must not be copied, reproduced, transferred, distributed, leased, licensed or publicly performed or used in any way except as specifically permitted in writing by the publishers, as allowed under the terms and conditions under which it was purchased or as strictly permitted by applicable copyright law. Any unauthorized distribution or use of this text may be a direct infringement of the author s and publisher s rights and those responsible may be liable in law accordingly.

**Imprint:**

Copyright © 2017 GRIN Verlag, Open Publishing GmbH
Print and binding: Books on Demand GmbH, Norderstedt Germany
ISBN: 9783668531260

**This book at GRIN:**

http://www.grin.com/es/e-book/375674/la-construccion-de-la-tutoria-virtual-y-la-relacion-entre-el-tutor-et-los

Gabriel Casás

**La Construcción de la Tutoria Virtual y la Relación entre el Tutor et los Alumnos**

GRIN Publishing

**GRIN - Your knowledge has value**

Since its foundation in 1998, GRIN has specialized in publishing academic texts by students, college teachers and other academics as e-book and printed book. The website www.grin.com is an ideal platform for presenting term papers, final papers, scientific essays, dissertations and specialist books.

**Visit us on the internet:**

http://www.grin.com/

http://www.facebook.com/grincom

http://www.twitter.com/grin_com

# INTRODUCCIÓN

En las siguientes páginas presentamos algunos resultados de nuestra historia de aprendizaje, a lo largo de 12 semanas en el curso de Tutoría Virtual desarrollado por el Portal Educativo de las Américas. Aclaramos que sólo "algunos" porque muchos han quedado ya escritos a lo largo de los foros propuestos semana a semana por nuestro tutor. Ese fue el espacio privilegiado de reflexión y aprendizaje, lugar donde también nos fuimos conociendo unos a otros, un poco más allá de nuestras intenciones de mejora y perfeccionamiento profesional. Y todos los elementos, desde los detalles, el saludo, la preocupación por "el otro", reflexiones, discusiones, ensayo y error con las herramientas, y la guía y acompañamiento del tutor han coincidido para que presentemos esta síntesis de nuestro aprendizaje.

De acuerdo a lo solicitado el apartado de "contenidos" presenta primero una visión sintética de lo aprendido en el Curso de Tutoría Virtual, atendiendo a cuatro dimensiones: el contenido, el procesamiento pedagógico, la tutoría virtual y el dispositivo tecnológico. Este primer apartado decidimos presentarlo de dos formas: con un cuadro donde se sintetizan las dimensiones solicitadas, ofreciendo un gráfico que nos ayudó a hacernos una imagen y colocar allí algunas ideas; y una parte redactada en primera persona singular. Esta última opción la realizamos teniendo en cuenta que el protagonista de este curso es el mismo tutor en formación, y el trabajo le será de mucha utilidad en el futuro cuando ponga en ejercicio todo lo aprendido y practicado. De esta forma lo que se presenta es algo así como el "credo" del tutor virtual, siempre atendiendo a las cuatro dimensiones antes citadas y alguna más como el estilo comunicativo, el participante y algunas finalidades de la educación.

Luego aparece nuestra carta de presentación, que será difundida entre los futuros participantes de un curso virtual, donde ejerceremos como tutores.

En el tercer apartado se informa sobre los contenidos del curso de Calidad de la Educación Básica, el cual seguimos en el Aula de Contenidos Específicos, y además de sernos muy útil para profundizar en este tema de la calidad, nos sirvió para realizar nuestras prácticas como tutores.

En el cuarto apartado, y en estrecha relación con el anterior presentamos un plan de trabajo posible para el desarrollo de un Curso virtual sobre Calidad de la Educación Básica.

Por último colocamos la autoevaluación de nuestra participación y la evaluación general de la tutoría y el curso.

# JUSTIFICACIÓN

La elaboración de este trabajo ha sido sumamente enriquecedora y necesaria para nuestra formación como tutores ya que, a pesar del enorme valor de los foros como espacio de aprendizaje colectivo, es indispensable que cada uno de los participantes traduzcamos, interpretemos y reorganicemos los contenidos vistos en el curso, en nuestros propios esquemas referenciales.

# CONTENIDO

I.- Visión sintética de los contenidos del Curso de Formación en Tutoría Virtual.

II.- Carta de Presentación.

III.- Informe referido a los contenidos del Curso que se desarrolló en el ACE.

IV.- Plan de trabajo para el Curso desarrollado en el ACE.

V.- Informe de autoevaluación.

VI.- Informe de evaluación general de la tutoría y el curso.

# I. Formación en Tutoría Virtual
**Visión de un tutor sobre los contenidos del Curso.**

En primer lugar debo tener presente, como tutor, de mi condición de educador en formación permanente, con una carga de variadas experiencias como educador y docente, y algunas como participante en cursos virtuales. No todas ellas positivas. Sin embargo tener experiencias negativas también me ha enseñado a prestar mucha atención a mis responsabilidades como tutor virtual.

También tengo presente que soy parte de una institución, como el Portal Educativo de las Américas, a quien le presto mis servicios, y debo ser fiel a su propuesta pedagógica y sus fines educativos para el continente americano. Manteniendo el contacto frecuente con la coordinación del curso, enviando los informes en el tiempo apropiado; y mantener la interrelación con los demás tutores, intercambiando ideas y dificultades, como apoyo a nuestra actividad tutorial.

No puedo dejar de tener en cuenta que el centro de la formación es el estudiante. A quien debo conocer no solo desde su perfil, sino también comprender su entorno en el cual se desarrolla como persona y profesional, aprender cuáles estrategias de aprendizaje suele utilizar para desarrollar un proceso de aprendizaje, constatar sus conocimientos previos y determinar cuál es su Zona de Desarrollo Próximo. De esta forma le podré proponer, a través del diálogo, una reflexión que le ayude a encontrar su interioridad, traducir e interpretar el nuevo conocimiento que le facilite, y reorganizar sus estructuras cognitivas, integrando el nuevo conocimiento con el previo: aprender. Soy conciente de lo importante que será la retroalimentación que le estaré ofreciendo frecuentemente a través de diferentes medios como El portafolio, respuestas en el foro, o si fuera necesario por un mensaje personal. Esta retroalimentación además de guiarlo por el proceso formativo, le ofrecerá pistas para su autoevaluación sobre su desarrollo en el curso, evaluar sus preconceptos, manejar la información que se le presenta, generar conflictos cognitivos para que pueda construir un nuevo conocimiento.

Como la comunicación será únicamente por escrito, será indispensable no olvidar que del otro lado hay una persona, con todo lo que ello implica, y que se debe guardar respeto por ella y sus ideas. Deberé cuidar especialmente la ortografía, ser conciso, claro y breve. Esto además de otras reglas de nettiqueta, y a la vez ser cercano en la comunicación ya que es importante lograr cierta empatía. La comunicación escrita, y la digital, cuenta con algunas herramientas para comunicar algunas emociones y sentimientos (emoticons). Dentro de las reglas se cuentan también algunas que tienen en cuenta las limitaciones tecnológicas de acceso al Internet, y el abarrotamiento de información, como cambiar el "asunto" en las respuestas en el foro para orientar la lectura, o tener cuidado al responder un mail sin incluir el mensaje original completo si este es muy extenso; el re-envío de "correo basura", o de virus —en cuyo caso se deberá avisar a la coordinación del curso de inmediato.

La dinámica de la comunicación también acompañara la evolución del diálogo y las reflexiones, pudiendo distinguir entre actividades comunicativas de acercamiento, seguimiento, motivación y sostén del participante. Donde una de las misiones de este seguimiento cercano será promover la permanencia del estudiante en el curso.

El marco de referencia que respaldará mis acciones será el modelo pedagógico del curso virtual. Este modelo suscribe al menos a tres teorías del aprendizaje: basada en la psicología conductista, los postulados de la psicología cognitiva y desde la psicología constructivista. Estas orientaciones dan lugar a diferentes modos de concebir la presentación de los contenidos. Esto es fundamental para que no sea una mera presentación de información (que se podría encontrar con algún buscador), sino que se conviertan en una invitación a pensar, dialogar y reflexionar con el texto y el cotexto cultural y social del Aula Virtual. Si estos contenidos son "didactizados" los participantes podrán reconocer sus conocimientos previos realizar operaciones de traducción, reconstrucción e interpretación sobre el contenido presentado, favoreciendo de esta forma una nueva organización que tome en cuenta su conocimiento previo como el nuevo. La autoevaluación deberá ser constante, facilitando una evaluación formativa por parte del mismo participante y mía.

El gran desafío que tendré será presentar actividades a través de las cuales el participante además de apropiarse del conocimiento, lo profundice y sobre todo se entusiasme y busque aprender más, descubra la dimensión estética del aprendizaje (la "belleza de aprender" P. Freire). De la observación realizada por El Portal Educativo conocemos que el estudiante comienza un proceso individual, pero que se va abriendo paulatinamente a espacios socioconstructivos. Es aquí donde interviene la metodología colaborativa. Esta metodología exige al participante tomar responsabilidades frente a su actividad y ante los demás miembros del grupo. El intercambio de ideas en el pequeño grupo va incrementando la participación y tomar una postura crítica frente al conocimiento. Además, el logro de objetivos grupales son un buen estímulo para alcanzar los objetivos de aprendizaje y la permanencia en el Aula Virtual.

Estos procesos de interrelación, comunicación y aprendizaje se darán con un diseño tecnológico en el Aula Virtual (AV), especialmente con la herramienta del foro. Lo mejor es que todo el flujo comunicativo se de en el Aula Virtual, evitando el uso del correo electrónico. Las herramientas que encontramos en el AV y las actividades que diseñe, deberán asegurar el protagonismo y desenvolvimiento de las capacidades del participando, facilitando su desarrollo y metacognición. Los foros, como decía más arriba serán de especial ayuda para el desarrollo de una metodología colaborativa, construyendo, además, el tutor junto con los participantes, una cultura de conocimiento que incluye el reconocimiento de valores éticos. El AV cuenta con herramientas para tomar notas y conservarlas independientemente del equipo por el cual se accede a Internet, y todas las participaciones quedan registradas en los foros y chats, por lo que facilita el monitoreo y seguimiento de los participantes por parte del tutor. Pudiendo observar el tutor, y auto-observarse el participante, la transición del estado inicial hacia los objetivos finales.

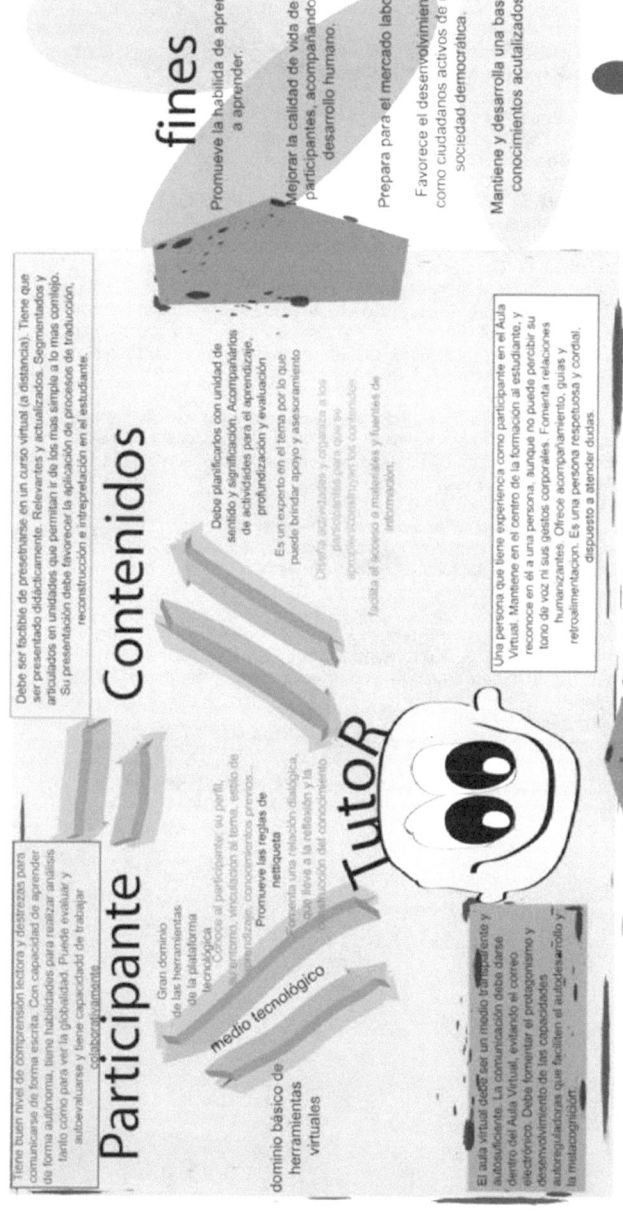

## II. Carta de Presentación

Estimados participantes:

Bienvenidos a la nueva experiencia de aprendizaje que estamos iniciando. Mi nombre es Gabriel Casás Gomez y tengo el honor de acompañarlos como su Tutor.

Desde este momento pueden contar con mi servicio de guía tanto para su ambientación en el Aula Virtual como para el proceso de aprendizaje que realizaremos juntos, a través de diversos temas y actividades que nos llevarán a cumplir nuestros propósitos para el curso.

Obtuve la Licenciatura en Ciencias de la Educación en la Universidad Católica del Uruguay, a la vez que me formaba en Filosofía; Pedagogía Salesiana e Iniciación Teológica en un Instituto Salesiano. Desde entonces me dediqué a la educación no formal, como educador de calle en barrios marginales desde diferentes ONGs. Desde hace unos once años colaboro con la pastoral de diferentes colegios técnicos de la Congregación salesiana. En cuanto a educación con adultos tengo experiencia como docente universitario en cursos de ética; desde hace 4 años soy responsable del proyecto de formación en la institución, de casi doscientos educadores; y colaboro talleres de liderazgo y trabajo en equipo a través de la recreación en el sector empresarial.

Nací en Montevideo, Uruguay. Allí crecí y me formé, pero a pesar de que una vez dije "nunca me iría vivir fuera de mi país", hace ocho años formamos una familia con una costarricense y desde entonces vivimos en Costa Rica, junto a mi única hija que tiene 5 años. Hoy en día me siento como muchos otros "ciudadano del mundo".

Soy uno de los migrantes del papel y lápiz al mundo de las Tecnologías de la Información y la Comunicación, que se ha quedado habitando en esta nueva realidad. En especial la Internet ha sido un medio de muchos aprendizajes, y también de alguna frustración. Pero como de los errores también se aprende, todo es ganancia.

Luego de vivir una hermosa experiencia de aprendizaje en el Aula Virtual del Portal Educativo de las Américas, y haber logrado la certificación; he recibido el gran honor de poder colaborar a través de esta misma institución con al mejoramiento de la educación latinoamericana, a través de este curso dirigido a docentes.

Dispongamos con todas nuestras capacidades, y nuestras mejores actitudes a formar un gran equipo de personas, capaces de enriquecernos mutuamente y reconstruirnos a nosotros mismos como sujetos de la educación, que buscan mejorar el proceso de enseñaza-aprendizaje de nuestros alumnos y la mejora de la calidad en nuestras instituciones y nuestros pueblos.


Atentamente


Gabriel Casás Gomez

# III.- Informe referido a los contenidos del Curso de Calidad de la Educación Básica

El sentido del quehacer educativo es contribuir con la mejora de la calidad de vida de los educandos, y de esta forma al desarrollo de la sociedad. Mejorar la calidad en la escuela significará preguntarse cómo contribuir mejor a este objetivo. Podemos sintetizar la filosofía de la calidad en la educación diciendo que: la calidad es un movimiento de mejora orientado **hacia** las personas (beneficiarios), concretizado en un proyecto o plan **por** personas (director y educadores) y **con** las personas (principalmente padres de familia y comunidad).

**Movimiento de mejora orientado hacia los beneficiarios.**
Quienes pueden juzgar la calidad de la educación son aquellos que la reciben, los beneficiarios. El principal es el alumno, quien es un receptor activo y participante de todo el esfuerzo educativo. El alumno requiere que la educación le facilite desarrollarse como persona, y que los servicios de aprendizaje también le resulten útiles para su vida adulta. Por lo tanto el alumno es un beneficiario en lo inmediato y también mediato. Los padres de familia son también benefactores de la escuela, ya que ésta colabora con ellos en la educación de sus hijos. Otros beneficiarios indirectos de la educación son la escuela que lo recibe como egresado, la persona u organización que le da empleo, la comunidad en la que vive y sociedad en la cual se desarrollará. El beneficiario principal, nuestro deseo por atenderlo y colaborar en su desarrollo, será la motivación del plan de calidad. En la cotidianeidad de la escuela traduciremos esta motivación con la palabra *relevancia*. Esto significará poner el énfasis en el desarrollo de habilidades, a partir de eso sí, en aquellos conocimientos en que los alumnos se interesan más. De esta forma estaremos en la práctica lo de hacer del beneficiario el referente y centro de nuestra labor educativa.

**Movimiento de mejora realizado por personas, referenciado en un plan.**
La calidad es un proceso constante y permanente. Por esto es indispensable que el movimiento hacia la mejora de la calidad lo realicen todas las personas implicadas en la educación, comenzando con el convencimiento, motivación y liderazgo del director. Este es quien se preocupa de que el personal docente se sienta orgulloso de su trabajo, motiva el trabajo en equipo, promueve la formación, actualización y perfeccionamiento profesional entre los docentes y siempre está informado de todo lo que sucede. Mejorar la calidad significa mejorar relaciones, y en la escuela encontramos dos muy importantes: relaciones con los beneficiarios y relaciones entre quienes trabajan en ella. En la medida que los educadores se involucren y participen activamente en equipo, en el diseño del plan de calidad desde el comienzo, el trabajo y las satisfacciones, tanto logros como fracasos harán del trabajo un medio de humanización y desarrollo profesional. El movimiento hacia la calidad inicia con la insatisfacción sobre los resultados de aprendizaje de los alumnos, también se basa en esto para continuar mejorando siempre. Luego de reconocer que hay problemas, se identifican sus causas, y se propone un objetivo de cambio. Si se quiere cambiar se debe comprender que hay que cambiar la forma en como se realizan las cosas.

**Movimiento de mejora realizado con los beneficiarios y la comunidad.**
Es necesario que la escuela se meta en la comunidad, y la comunidad en la escuela. Padres, maestros y la comunidad tienen metas comunes. La mejor forma de ayudar a la comunidad es hacerla participar activamente. Buscar potenciar y crear vínculos a través de los cuales la comunidad colabore con la labor de la escuela y ésta se integre a la vida comunitaria. Mejorando de esta forma a la comunidad y propiciando aprendizajes más significativos en los alumnos, con un ambiente familiar. Los padres de familia también se manifiestan y hacen de cada escuela algo único. Sus expectativas juegan un papel importante en el desarrollo de los servicios que presta la escuela. Además ésta se beneficia de los conocimientos, habilidades, valores y actitudes que traen consigo los alumnos, aprendidos en el seno familiar.

# IV.- Plan de trabajo para el Curso de Calidad de la Educación Básica.

**Marco General.**
Para el abordaje conceptual utilizaremos la estrategia metodológica del Trabajo Colaborativo. La reflexión se nutrirá de los aportes de los participantes en torno a los enfoques sobre el proceso de mejora de la calidad presentados en los módulos del Aula Virtual semana a semana, de las experiencias compartidas por los participantes, y del diálogo que logremos establecer en los diferentes foros y actividades.

Para el éxito de los foros será importante favorecer las buenas relaciones entre los participantes y entre cada uno y el tutor; para esto además de los foros de reflexión obligatorios invitaremos a foros tipo Cafetería, donde será posible conocer a cada uno de forma más informal y distendida, compartiendo experiencias personales, y proponiendo algunos temas sobre su propia historia, que a la vez ayuden a revalorar la propia experiencia de escuela que cada uno tiene, colaborando indirectamente con el tema de la Calidad de la Educación.

El desarrollo de esta estrategia de abordaje conceptual posibilitará reconocer los conocimientos previos de los participantes, facilitándoles a traducir, interpretar y (re)construir su concepción del tema de estudio.

La integración de las dimensiones de personalización/humanización, reflexión crítica, análisis de la información y síntesis del nuevo conocimiento favorecerá que los participantes logren terminar el curso con una nueva visión del tema y sus propias realidades, posibilitándoles proponer un cambio hacia la mejora de la calidad de la educación en sus entornos de trabajo.

Previsión y planeamiento de cada semana, y uso de herramientas.

| SEMANA | MODULO | ABORDAJE CONCEPTUAL | FOROS Y DISCUSIONES | HERRAMIENTAS A UTILIZAR | ACTIVIDADES OBLIGATORIAS |
|---|---|---|---|---|---|
| 1 | 0 | Para Comenzar | 1) Foro de Socialización con dos discusiones: a) presentaciones personales; b) presentaciones institucionales | - Correo electrónico de Bienvenida, con las indicaciones para entrar al aula<br>- Foros | -Responder al correo electrónico<br><br>Foro 1 |
| | | | 2) Foro de Cafetería | - Crear Discusión (activo sólo en la Cafetería) | |
| | | | 3) Foro de discusión acerca del enfoque propuesto | | Foro 3 |
| 2 | 1 | Introducción a la Filosofía de la Calidad | 1) Foro de discusión: sobre los objetivos de la educación y sus beneficiarios. | - Mensajería<br>- Calendario<br>Foros | Foro 1 |
| | | | 2) Foro de Cafetería | Portafolio<br>Calendario | Foro 2<br>Control de lectura del módulo 1 |
| 3 | 2 | Resolución de problemas en la escuela | 1) Foro sobre cómo se resuelven o no, los problemas en mi escuela | Foros | Foro 1 |
| | | | 2) Foro sobre las actitudes para resolver problemas en la escuela | Portafolio | Actividad Optativa: Foro 2 |
| | | | 3) Foro moderado: consulta del Glosario, escoger un concepto, reflexionar sus implicaciones para una escuela en calidad. Adjuntar un documento de texto con su desarrollo. | Foro moderado y Glosario | Foro 3 |
| | | | 4) Foro de Cafetería | Calendario | Control de lectura del módulo 2 |
| 4 | 3 | La calidad en el plantel y su contexto | 1) Foro ¿cómo mejorar la participación de los padres de familia en la escuela? | Foros | Foro 1 |
| | | | 2) Chat: ¿Qué hacer con los alumnos que "no se interesan"? | Chat | Actividad Optativa: Chat |
| | | | 3) Foro de Cafetería | Portafolio y Calendario | Control de lectura del módulo 3 |
| 5 | 4 | La calidad está en el proceso | 1) Foro ¿los buenos resultados se pueden dar de malos procesos? | Foros | Foro 1 |
| | | | 2) Foro en grupos: Enlace a consultar: http://www.rieoei.org/rie23a07.htm Responder y entregar síntesis, ¿por qué la calidad debe comprender todos los procesos educativos? Y propuesta para mejorar un proceso específico de una escuela. | portafolio | Foro 2 |
| | | | 3) Foro de Cafetería | Calendario | Control de lectura del módulo 4 |

| | | | | | |
|---|---|---|---|---|---|
| 6 | 5 | La calidad depende de todos los que participan en el proceso | 1) Foro ¿cuáles son las ventajas del trabajo en equipo? ¿cuál considera que es la principal y por qué? | foros | Foro 1 |
| | | | 2) Foro ¿Cómo se puede organizar la participación de los alumnos en el plan de calidad? | | Foro 3 |
| | | | 3) Foro informativo sobre la actividad de evaluación final | portafolio | Actividad Optativa: Foro 2 |
| | | | 4) Foro de Cafetería | Calendario | Control de lectura del módulo 5 |
| 7 | 6 | La calidad requiere liderazgo | 1) Actividad en grupos: Con base en el módulo 6, y los enlaces: http://www.cge.udg.mx/revistaudg/rug31/opinion3.html y http://contexto-educativo.com.ar/2000/5/nota-3.htm Dialogar sobre los aportes fundamentales del director al proceso de mejora de la calidad, y realizar un perfil del director como líder de una escuela en calidad. | | Foro 1 y 2 |
| | | | 2) Foro moderado: entrega parcialidades correspondientes | Foros | |
| | | | 3) Foro de Cafetería | | Control de lectura del módulo 6 |
| 8 | 7 | La calidad conduce al mejoramiento continuo de las personas | 1) Foro ¿qué opinan sobre la afirmación: los problemas no son de los docentes? / Proponga actividades para que el docente se sienta orgulloso de su trabajo | foro, foro moderado. | foro 1 |
| | | | | | Foro 2 |
| | | | | portafolio | Control de lectura del módulo 7 |
| | | | 3) Foro de Cafetería | Calendario | |
| 9 | 8 | La planeación y la evaluación para la calidad | 1) Foro: fundamental cuál es el elemento principal del plan / cómo asegurar el seguimiento del plan | foro, foro moderado. | Foro 1 |
| | | | 2) Foro moderado: entrega parcialidades correspondientes | | Foro 2 |
| | | | | portafolio | Control de lectura del módulo 8 |
| | | | 3) Foro de Cafetería | Calendario | |
| 10 | 9 | La calidad necesita la participación de la comunidad | 1) Foro: ¿Cómo asegurar la participación de los padres de familia en la escuela? | | Foros 1 y 2 |
| | | | 2) Foro moderado: entrega parcialidades | foro, foro moderado. Portafolio | |
| | | | 3)Foro de cafetería | Calendario | Control de lectura del módulo 9 |
| 11 | 10 | Algunas implicaciones de la calidad | 1)Foro: ultimas consideraciones sobre la Calidad. | mensajes, foros | Entrega del Trabajo final |
| | | | 2) Foro socialización del Trabajo Final | portafolio | Foros 1, 2 y 3 |
| | | | 3)Foro de cierre y despedida | Calendario | Control de lectura del módulo 10 |

**Planificación de un foro de autoevaluación / evaluación y cierre de la capacitación recibida**
Foro moderado de Autoevaluación.
Estimados participantes,

Hemos avanzado lo suficiente para realizar una mirada retrospectiva y aprender sobre nuestro recorrido por el curso.
En este foro moderado, cada uno encontrará una carpeta con su nombre, es allí donde deben dejar un comentario a modo de autoevaluación y evaluación, que contenga los siguientes parámetros:

- ¿Cómo evalúa usted su propia participación a lo largo del curso?
- ¿Cómo ha sido su relación con los demás compañeros del curso y con el Tutor?
- Puede incluir comentarios que le parezcan pertinentes sobre el desempeño del tutor y sobre el curso en sí, de tal forma de mejorar en el futuro.

Como este foro es moderado sus respuestas sólo las podrá ver el tutor del curso, haciendo de este espacio una comunicación personal entre Ud. y el tutor.

Esta actividad es obligatoria, y se debe realizar antes del lunes XX de xxxxx, a las 24 horas de WDC.

Espero sus comentarios

Saludos cordiales,

Gabo
___

Foro de cierre.
Estimados participantes,

Nuestro barco arriba a destino. Luego de 10 semanas de compartir trabajo, diálogo, reflexiones, inquietudes, nuevos aprendizajes ha llegado el momento de cerrar nuestro curso, para que cada uno ponga en práctica lo aprendido y se siga desarrollando y creciendo como persona y profesional.
En este foro de cierre les estoy solicitando que dejen en un comentario sus apreciaciones generales sobre la metodología del curso, sus contenidos, su participación, y algunas palabras dirigidas al Tutor y la Coordinación del Curso, con el fin de mejorar en futuras realizaciones del mismo.

Deben entregar este comentario respondiendo en este mismo espacio, antes del lunes XX de xxxx a las 24 horas de WDC.

Muchas gracias por sus apreciaciones
Dios los bendiga

Un abrazo afectuoso
Gabo

## V.- Informe de autoevaluación.

En cuanto al mi desempeño como aprendiz pienso que realicé el curso muy bien. Sobre todo las primeras 7 u 8 semanas. Últimamente se me ha dificultado mucho cumplir adecuadamente con las tareas, pero sobre todo interactuar con los compañeros, que ha sido de donde obtuve los logros más grandes en cuanto a aprendizaje del curso.

En cuanto a información novedosa pienso que el curso no me facilitó gran cantidad, pero la vivencia y practica congruente de la propuesta metodológica y pedagógica que ha sido lo que me ha cambiado. Ha cambiado mi forma de ver los cursos en línea, he reacomodado mi pensamiento sobre la calidad de la educación básica en forma bastante profunda. Como mencionaba antes, los principales factores de este cambio han sido el diálogo con los compañeros, la guía del tutor y la metodología pedagógica desarrollada.

En cuanto al curso de Calidad de la Educación Básica fue una muy grata sorpresa encontrarme con ese "plus" porque es un tema que hace varios años que he venido siguiendo, aunque no tan sistemáticamente. Lo aprendido y reconstruido en mis esquemas referenciales sobre calidad de la educación, ya me están siendo de mucho provecho para la formación de otros educadores, de la cual soy responsable.

Pero el descubrimiento más profundo de mi parte, y creo que será fundamental para mi desarrollo como tutor es el constatar que un curso en línea puede ayudar a la humanización de las personas. Promoviendo, clarificando e incluso viviendo ciertos valores morales en la comunicación interpersonal.

Estoy muy satisfecho con Franz, los compañeros, el curso y conmigo mismo. Excepto con mi baja participación en las últimas semanas, no creo mucho en dar justificaciones.

Lo que me queda por decir, es mucha gracias a todos.

## VI.- Informe de evaluación general de la tutoría y el curso.

## Sexta entrega para el Trabajo final del curso: Informe de evaluación general de la tutoría y el curso.

1. *¿Cómo evalúa el proceso realizado en cuanto a la exigencia del curso y el nivel académico alcanzado por usted?*
Voy a distinguir dos niveles de exigencia a lo largo del curso: uno la participación y cumplimiento de las tareas. En este punto, atribuyendo bastante peso a los atrasos en las entregas de las últimas semanas, mi desempeño debió haber sido mejor. En cuanto a la exigencia por parte del curso creo que está muy bien planteado. Otro nivel de exigencia, por así decirlo, es el cambio de mentalidad, o de paradigma. Es lo que más valoro que me ha dejado el curso, el tutor y los compañeros. Aunque es lo más difícil de exigir, la

propuesta del curso brinda todo lo necesario para que se pueda alcanzar.

2. *¿Qué aspectos de los tratados y experimentados en el curso considera usted un e para mejorar su práctica como docente?*
El uso de las TICs como una nueva forma de aprender; no adecuándolas a la pedagogía tradicional, sino adecuándose uno a la exigencia de una nueva manera de aprender y enseñar.
Tener siempre presente los fines de la educación, y a la persona que aprende, valorándola en su dignidad como tal, ya sea en un curso virtual como presencial.
El valor del trabajo en equipo con una metodología colaborativa, con el apoyo de las nuevas tecnologías.
La utilización de herramientas virtuales para el desarrollo de la enseñanza, principalmente los foros y el portafolio.

3. *¿Cómo evalúa su vínculo con la tutoría? ¿Qué aspectos de la tutoría ofrecida encuentra coherente o menos coherente con el marco teórico y procedimental que propone el curso?*
Creo que la relación ha sido excelente. El primer aspecto que constaté, cronológicamente, y ahora puedo señalar como coherente con el marco teórico es la capacidad de empatía del tutor. Luego sus preguntas holísticas en el momento apropiado. Su "don de gente" mostrado sobre todo el espacio de las cafeterías. Y viví en carne propia su capacidad de comprensión, flexibilidad y apoyo cuando no pude cumplir algunos plazos.

4. *Incluya otros comentarios o aportes que considere pertinentes de modo de colaborar con el tutor y futuros participantes del aula virtual.*
En verdad muchas gracias por el gran aporte. Mi visión sobre los cursos en línea ha cambiado radicalmente con esta experiencia. Para honrar esta relación de aprendizaje y colaborar con la mejora de la calidad de la educación, me toca ser fiel transmisor de lo aprendido, y ser un creativo desarrollador de aspectos que siempre habrá que estar mejorando. Aunque no fue un problema en realidad, creo que sería mejor un aula con menos cantidad de personas, y grupos un poco más pequeños para los trabajos.

Nuevamente, gracias por todo.

Gabo

# CON GRIN SUS CONOCIMIENTOS VALEN MAS

- Publicamos su trabajo académico, tesis y tesina

- Su propio eBook y libro - en todos los comercios importantes del mundo

- Cada venta le sale rentable

Ahora suba en www.GRIN.com
y publique gratis